Enriqueciendo Español

Enriqueciendo Español

Vocabulario y Refranes-Expresiones Idiomáticas

Nivel C1

Punita Tripathy

La imagen de la portada: Málaga (2019)

Índice

Prólogo

Este libro es una fuente de más de 1300 palabras y terminologías y, más de 200 refranes y expresiones idiomáticas para todas aquellas personas que quieran tener un buen dominio del español. El objetivo de este libro es que los lectores pueden adquirir un nivel muy alto del vocabulario y aprobar con gran facilidad varios exámenes de la certificación del español de nivel C1.

Uno puede encontrar dos partes en este libro: una parte es de vocabulario y otra de refranes y expresiones idiomáticas. El vocabulario contiene quince capítulos sobre varios asuntos de la vida como Educación, Mercado Laboral, Arte, Medios de Comunicación, Deportes, Tecnología y más. En la primera parte se hace hincapié en la terminología relacionada según el tema con el significado en español e inglés. En la segunda parte se puede ver proverbios y modismos con el significado en español, que uno puede utilizar en varias ocasiones o situaciones para enriquecer la conversación. Aprender refranes o expresiones idiomáticas no sólo es una actividad de estudios, sino también es una actividad muy divertida y se puede apreciar la riqueza de la lengua a través de ellos.

Este libro puede beneficiar a estudiantes del idioma español, a extranjeros trabajando en el mundo hispánico y, a inmigrantes viviendo en España y en países latinoamericanos. Además, este libro será muy útil a turistas y a viajeros de negocios que tengan buenos conocimientos de español.

Tras escribir el libro "La guía de Escritura: Nivel B2" que está disponible en ambas versiones; ebook y paperback en Amazon, yo estaba motivada a escribir algo que podría ser beneficioso para los estudiantes de nivel C1 de español. Cuando yo estudiaba nivel C1, escribía cada nueva palabra relacionada con el curso, en mi diario, y al final se apareció un gran tesoro en la forma de "vocabulario C1". La colección de proverbios y expresiones idiomáticas fue el resultado de mi pasión por ellos ya que me encanta aprenderlos, es como una buena manera de relajación para mí.

Quiero dedicar este libro a mi esposo "Shiv" que siempre me ha motivado mucho a aprender algo nuevo y concentrarme en las buenas cosas de la vida. Además, quisiera agradecer a toda mi familia que siempre está dispuesta a ayudarme.

Espero que este libro pueda ser un gran tesoro para ustedes y, que les sirva en el aprendizaje de la lengua y en la preparación de los exámenes de nivel C1. ¡ Que aprendan todo el vocabulario y disfruten los refranes y expresiones idiomáticas !

Punita Tripathy
Nueva Delhi, India

VOCABULARIO

1. Educación

A - Z

A

Acoso escolar : Hostigamiento escolar (Bullying)
Alfabetismo : Saber leer y escribir (literacy)
Analfabetismo : No saber leer o escribir (Iliteracy)
Año lectivo : Año de colegio (School year)
Aprobar : Sacar nota suficiente (Pass)
Apto : Autorizado, permitido (Suitable, Pass)
Asignatura pendiente : No aprobada (Resit subject, Resit course)
Ausente : Que no está ahí (Absent)

B

Bachillerato : Estudios de preparación a la universidad (High School Diploma)

C

Calificación : Nota (Mark, grade, rating)
Campus virtual : Informática para docencia (Virtual campus)
Capítulo : Sección de un libro, unidad (Chapter, Episode)
Carrera universitaria : Estudios de la universidad (Unversity studies)
Cátedra : Lugar del profesor (Chair, seat)
Catedrático/a : Profesor/a, Investigador/a (Professor)
Centro Educativo : Un lugar donde se estudia; escuela, colegio, instituto (Education Centre)

Colegio Concertado : Colegio que tiene fondos públicos y gestión privada (Concerted School)

Colegio privado : Colegio que tiene fondos privados y gestión privada (Private School)

Colegio Público : Colegio estatal que tiene fondos públicos y gestión pública (Government School)

Concertado/a : Ajustado/a, convenido/a (Arranged, concerted)

Control : Dominio sobre algo (Control)

Convalidar : Declarar válido (Ratify, validate)

Convocatoria : Anuncio - a un examen (Call, summon)

Crédito : Unidad de valoración (Credit)

Charla : Conferencia informal (Talk)

D

Dar frutos en el futuro : Dar buenos resultados en el futuro (Give benefits in the future)

Decano : Rector, deán, director (Dean)

Delegado/a : Representante (Delegate, Monitor)

Didáctica : Habilidad de enseñanza (Teaching)

Diplomatura : Grado académico (Vocational certification)

Disciplina : Asignatura, materia (Subject, module)

Docente : Profesor/a (Professor, teacher)

Doctorado : Título (Doctorate)

E

Educador/-a : Maestro/a (Teacher)

Elevada tasa de repetición : Alta tasa de repetición (High rate of repetition)

Empollar : Estudiar mucho (Cram)

Empollón : Que estudia mucho (Book worm)

Enseñanza a distancia : Enseñanza sin asistir a clase (Distance learning)

Enseñanza de calidad : Buena enseñanza (Quality Education)

Enseñanza presencial: Enseñanza directamente en el centro educativo (Teaching in the education centre)

Escolarización : Asistencia al colegio (Education, schooling)

ESO: Enseñanza Secundaria Obligatoria (Compulsory Secondary Education)

Evaluar : Hacer un examen (Take an exam, be assessed)

Exigente : Estricto, severo (Strict, demanding)

Expediente académico : Documento historial de la educación (Academic record)

F

Folio : Hoja de papel (Sheet)

FP de grado medio : Formación Profesional de grado medio (Medium grade professional training)

Fracaso escolar : Suspender estudios (Dropout)

G

Gozar de un gran prestigio : Tener un buen prestigio (Have a good reputation)

Grado : Curso (Year, grade)

H

Hacer chuleta : Hacer trampa en Examen (Cheating in exam)

Homologado : Que es oficial (Approved)

Horas lectivas : Horas de estudios (Teaching hours)

I

Impartir : Repartir, dar (Impart, give, teach)

L

Licenciatura : Título universitario (Bachelor's degree)
Liceo : Enseñanza media (High school)
Listillo : Más listo (Wise guy)

M

Máster : Posgrado (Master's degree)
Matrícula : Inscripción en curso (Enrolment)
Matrícula de honor : Nota máxima (Outstanding, excellent)
Metodología : Procedimiento (Methodology, methods)
Mnemotécnica : Técnica para memorizar (Mnemonics)

N

Novato/a : Inexperto/a (Novice, beginner)

O

OCDE : Organización para la Cooperación y el Desarrollo Económicos (OECD Organization for Economic Co-operation and Development)
Otorgar : Conceder, dar (Award)

P

Pasar por la universidad : Estudiar en la universidad (Go through University, Universitystudies)
Politécnico : Relativo a varias ciencias (Polytechnic, polytechnical)
Presencial : Requiere presencia (Face-to-face)
Prodigio : Superdotado (Prodigy)

R

Ratio Profesor-Alumno : Número de estudiantes por profesor (Professor to students ratio)

Reforma educativa : Modificación educativo (Educational reforms)

Repesca : Nueva admisión (Repeat)

Resguardo : Documento acreditativo (Receipt, ticket)

Resultado mediocre : Logro mediocre (Mediocre result)

S

Saber al dedillo : Saber profundamente (Know by heart)

Sacar : Obtener (Receive, achieve)

Sacarse un titulo : Obtener un título de licenciatura, master o doctorado (Get a title of bachelor's, master or doctorate)

Seminario : Cursos específicos (Seminar)

Sintetizar : Resumir texto o algo (Summarise)

Sistema Educativo : Estructura de enseñanza (Educational System)

Subsidio Estatal : La ayuda financiera del gobierno (State subsidy)

Suplente : Profesor de reemplazo (Substitue teacher)

Suspender : No aprobar un examen (Fail)

T

Tasa de abandono : Indicador de abandono (Dropout rate)

Tasa de escolaridad : Indicador educativo (Enrollment rate)

Tener tacto : Ser sutil (Have tact, be tactful)

Tener una parte lúdica : Que tiene una parte divertida (Partly entertaining/ playful)

Tesis : Trabajo de grado (Thesis)

Tribunal examinador : Órgano de examen (Examining Board)

V

Valoración : Evaluación (Evaluation, assessment)
Verbalizar : Expresar con palabras (Verbalise)

2. Mercado Laboral

A - Z

A

Absentismo : Falta de asistencia (Absenteeism)

Acoso laboral : Explotación en el trabajo (Work-place harassment)

Año sabático : Año libre del trabajo a veces con sueldo que algunas instituciones conceden a su personal (Sabbatical year)

Asalariado/a : Quien recibe un sueldo (Salaried)

Ascenso : Mejora (Promotion)

Aspirante : Buscador/-a de empleo (Applicant, candidate)

Autónomo/a : Descentralizado/a, independiente (Autonomous, self-governing)

Auxiliar : Ayudante, asistente (Assistant)

Ayuda familiar : Apoyo de la familia (Family support)

B

Baja laboral : Ausencia en el trabajo (Leave from work, sick leave)

Baja por maternidad : Permiso laboral (Maternity leave)

Baja voluntaria : Separación por renuncio (Resignation)

Bolsa de empleo/trabajo : Organismo (Employment agency, job placement office)

Bruto : Precio total, con impuestos (Gross)

C

Canguro : Persona que cuida a niños pequeños (Babysitter)

Cargo : Empleo, puesto, responsabilidad (Post, position)

Cese : De un cargo (Firing, sacking, dismissal)

Chapuza : Trabajo mal hecho (Shoddywork)

Clase obrera : Sector trabajador (Working class)

Colega : Amigo/a, compañero/a (Co-worker)

Compañero/a : Persona que acompaña, colega (Fellow, Co-worker)

Contratar : Darle empleo a alguien (Hire, take on contract)

Contrato de trabajo : Convenio laboral (Work contract)

Contrato indefinido : Contrato sin límite de tiempo (Indefinate contract, open-ended contract)

Contrato temporal : Contrato con límite de tiempo (Temporary contract)

Cualificado : Que tiene capacidad para algo (Qualified)

Currar : Trabajar (Work)

D

Desempleo : Paro, desocupación, falta de empleo (Unemployment)

Despido : Separación del trabajo (Sacking, Layoff)

Despido procedente/improcedente : Despido justo/injusto (Lawful dismissal/ unlawful termination)

Directivo/a : Forma parte de un cuerpo administrativo (Director)

E

Empleado/a : Asalariado/a, trabajador/-a (Employee, worker)

Empleador/-a : Contratante, que da trabajo a alguien (Employer)
Empleo : Ocupación, trabajo, puesto (Job, work, employment)
Emprendedor/-a : Quien toma iniciativa (Entrepreneur)
Empresario/a : Dueño/a de una empresa (Business owner)
Éxodo : Emigración masiva (Exodus)

F

Finiquito : Liquidación salarial (Settlement package)
Funcionario/a : Profesional del empleo público (Civil servant)

G

Globalización : Transnacionalización de mercados (Globalisation)

H

Huelga : Paro colectivo en el trabajo (Strike)

I

Incorporarse : Integrar, afiliar (Join)
Indemnización : Compensación económica por daños (Compensation)

J

Jornada laboral : Horario de trabajo (Workday)
Jubilación : Retiro (Retirement)

L

Laborable : Que se trabaja (Working)

M

Mano de obra : Trabajo manual (Labour, workforce)

Media jornada : Medio día laboral (Part-time)

Menos conocimientos : Menos formación (Less qualification)

Migración : Entrada a un país (Migration)

N

Neto : Después de deducciones (Ne)

Nómina: Salario mensual, documento salarial (Salary, payslip)

O

Obrero/a : Operario/a manual (Worker, Labourer)

Obrero/a agrícola : Que trabaja en el campo o en la agricultura (Farm worker)

Obrero/a cualificado/a : Trabajador/-a con cualificaciones (Skilled worker)

Obrero/a no cualificado : Trabajador/-a sin cualificaciones (Unskilled worker)

Oficio : Profesión (Trade, profession)

Operario/a : Trabajador/-a (Worker, operator)

P

Parado/a : Quien no tiene trabajo (Unemployed person)

Pensión : Pago mensual (Pension)

Periodo de prueba : Plazo de prueba laboral (Probationary period)

Plantilla : Personal de empleados (Workforce, staff, personnel)

Plaza : Puesto de trabajo (Job, post, vacancy)

Prorrogar : Dar más plazo (Extend)

Puesto de trabajo : Un empleo (Post, job vacancy)

R

Recursos humanaos : Departamento personal (Human Resources, HR)

Remuneración : Paga, retribución (Remuneration, pay)

Reparto : Repartición, distribución (Distribution)

Requisito : Condición necesaria (Requirement, requisite)

Rescindir un contrato : Terminar el contrato (To terminate a contract)

S

Seguridad social : Cobertura social estatal (Social security)

Sueldo : Salario (Salary)

Sueldo congelado : Sueldo sin revisiones al alza (Salary freeze)

T

Tabú : Prohibido (Taboo, Prohibited)

Temporero/a : Persona que trabaja temporalmente (Seasonal worker)

Trabajo : Ocupación, tarea (Job, Work)

Trabajo en prácticas : Requisito de grado (Internship)

V

Vacaciones : Días libres (Holidays)

Vacante : Empleo, cargo libre (Vacancy)

Viento en popa : Muy bien (Extremely well)

3. Tecnología

A - Z

A

Actualizar : Poner al día (Update, bring up to date)

Adentrarse : Introducirse, penetrar (Get into)

Ancho de banda : Longitud de frecuencia (Bandwidth)

Apagar : Cerrar aparatos electrónicos (Turn-off)

Arrastrar con el ratón : Mover en la pantalla con el ratón (Drag an object with the mouse)

Artefacto : Aparato, carga explosiva (Mechanism/ tool, explosive device)

B

Bajar : Descargar - archivos o documentos (Download)

Banda ancha : Conexión a Internet (Broadband)

Bandeja deentrada (de correo electrónico) : La carpeta donde se reciben correos (Inbox)

Bandeja de salida (de correo electrónico) : La carpeta donde seguardan los correos enviados (Outbox)

Barra de herramientas : Barra de un dispositivo (Tool bar)

Buscador : Herramienta informática (Search engine)

Buzón de correo : Caja para echar el correo (Mail box)

C

Colgar : Subir-fotos o artículos (Upload, Post)

Contraseña : Clave de acceso (Password)

Copia de seguridad : Respaldo informático (Back-up copy, back-up)

Copión : Imitador (Copycat)
Correo no deseado : Correo basura (Unwanted email, SPAM)
Cortafuego : Que protege a un dispositivo (Firewall)

D

Defecto : Falla (Bug, defect)
Delinquir : Cometer delito (Commit crime)
Demonizar : Atribuir carácter diabólico (Potray as evil)
Descargar : Bajar información por Internet (Download)
Descargas : De datos electrónicos (Downloads)
Desempolvar : Recordar, poner de nuevo a funcionar (Pick up again)
Deslindar : Definir o esclarecer algo (Define)
Disco duro : Dispositivo informático (Hard disk)
Disparate : Tontería (Crazy idea)
Dispositivo : Mecanismo (Mechanism, device)

E

Edición pirata : Reproducción ilegal (Pirated edition)
Enlace : Conexión, unión, nexo (Link)
Ensanchar : Hacer más ancho (Broaden)
Escanear : Digitalizar con escáner (Scan)
Escapar : Fugarse (Escape, Avoid)
Espionaje : País, estado: obtención de información confidencial (Spying, espionage)
Exentar : Eximir (Exempt)

H

Hardware : Soporte físico de ordenador (Hardware)

I

Indebidamente : De manera indebida, ilícitamente (Unlawfully, illegally)

Internauta : Quien navega por Internet (Internet user)

J

Jurídico : Referente al derecho (Legal)

L

La conexión a Internet : Servicio de Internet (Internet connection)

N

Navegador : Programa informático (Browser)

P

Pantalla : Proyección de imágenes (Screen)

Pirata : Corsario (Pirate, robber)

Plagiar : Copiar, apropiarse (Copy illegally)

Plantilla : Modelo (Template)

Portada : Primera pagina de un portal (Home page)

Prejuicio : Opinión a priori (Prejudice)

Prender : Poner en marcha (Turn-on, Power on)

Privar : Denegar (Deprive, Take away)

Procurar : Estar pendiente de algo (Be able to, Make sure)

Propiedad intelectual : Creaciones intelectuales (Intellectual Property)

R

Racional : Lógico (Logical, Rational)

Ratón : Aparato de informática (Mouse)

Reemplazar : Sustituir (Replace)

Resquebrajar : Quebrantar (Weaken, Undermine)

Router : Hardware de Wifi (Router)

S

Sin prejuicio de que : Sin opinión a priori (Without prejudice to)

Sistema operativo : Programa para gestionar recursos (Operating System)

Software : Programas informáticos (Software)

Soporte : Apoyo, registro de información (Support, storage medium)

Subir : Cargar en Web (Upload, post)

Subsanar : Remediar algo (Correct, Offset)

T

Teclado : Tablero con teclas (Keyboard)

U

USB : Memoria USB, Pen drive (Flash drive, pen drive, USB)

Usuario : El que hace uso (User)

V

Ventana : Cuadro emergente (Pop-up window)

W

Wifi : Wi-Fi (Wireless Internet)

4. Medios de Comunicación

A - Z

A

Actualidad : Noticias (Hot news)

Al pie de la letra : Sin modificaciones (Very carefully)

Anunciar : Dar aviso de algo, publicitar (Announce, advertise)

Auge : Momento más intenso, desarrollo y crecimiento (Peak, Boom)

C

Confirmar : Afirmar algo (Confirm)

Conglomerado : Un grupo con varias empresas (Conglomerate)

Contrastar : Verificar (Verify, check)

D

Debatir : Discutir (Debate)

Difundir : Divulgar ampliamente (Spread)

E

Echar balones fuera : Eludir, evadir (Dodge the issue, avoid the issue)

Estatal : Del Estado (State)

Exclusiva : Autorización única de venta (Sole right, exlusive rights)

H

Hacer hincapié en : Enfatizar (Highlight)

I

Índice de audiencia : Conjunto de personas que siguen un programa en un momento especifico (Rating)

Información de primera mano : Información de fuente directa (First-hand information)

Informativo : Boletín de noticias (News bulletin)

Involucrar : Envolver en un asunto (Involve)

L

Llevarse una cosa : Estar de moda (Be in fashion, trend)

Locutor/a : Presentador/-a (Presenter, host)

P

Parrilla : Tabla de programación (Schedule, guide)

Perjudicar : Causar daño (Cause damage, be harmful to)

Pléyade : Personas reconocidas (Distinguished group, stars)

Ponencia : Exposición en congreso (Talk, Presentation)

Ponente : Expositor/a de ponencia, conferenciante (Speaker, Presenter)

Prejuzgar : Juzgar sin bases (Prejudge)

Primicia : Noticia novedosa (First news)

Programa : Segmento televisivo o radial (Programme)

Publirreportaje : Reportaje publicitario (Feature)

R

Rueda de prensa : Entrevista con los medios (Press conference)

S

Subsanar : Corregir, remediar algo (Offset, make up)

T

Tema candente : Tema controversial o polémico (Hot issue, hot topic)

Televisión

Antena : Receptor de ondas (Antenna, aerial)

Cadena de televisión : Red de televisión (Television network)

Cadena : Canal, Banda de frecuencia(TV Channel)

Caja tonta : Televisor (TV, Idiot box)

Concurso : Competición (Game show)

Culebrón : Telenovela larga (Soap, soap opera)

Cuota : Cantidad de dinero (Dues, Toll)

Cuota de alta : Pago al contratar servicios (Installation Fee)

Cuota mensual : Pago al mes (Monthly payment)

Descodificador : Transformador de señales (Decoder)

Programa de telerrealidad : Programa con gente corriente (Reality show)

Retransmisión : Emisión por ondas (Broadcast)

Teleadicto/a : Aficionado/a televisión (TV addict)

Telediario : Informativo televisivo (News programme)

Televidente : Espectador/-a de televisión (Viewer)

Televisión analógica : Televisión que no es digital (Analogue TV)

Zapear : Cambiar canal (Channel surf)

Radio

Antena de radio : Receptor de ondas (Radio antena)

Cadena : Banda de frecuencia (Channel)

Emisora : Empresa de Radio que emite, aparato para emitir (Radio station, Radio equipment)

Onda corta : Frecuencia de radio (Short wave)

Onda larga : Frecuencia de Radio (Long wave)

Radio : Radiorreceptor (Radio, radio set)

Radioyentes : Persona que escucha radio (Radio listener)

Prensa escrita

Artículo : Texto escrito (Article)

Cabecera : Parte superior de impreso (Headline, heading)

Cartas al director : Una parte del Periódico (Letter to the director/editor)

Columna : Forma de escribir, en la que se da opinión personal (Column)

Contraportada : Pagina posterior (Back cover, back page)

Cuña : Anuncio (Advertisment)

Diario : Periódico (Newspaper)

Editar : Corregir, revisar texto (Edit)

El editorial : Artículo de editor (Editorial)

Errata : Error escrito (Error, mistake)

Hojear : Pasar las hojas (Glance through)

Impresión : Reproducción en papel (Print out)

La editorial : Firma editora (Publisher, publishing house)

Lector : Persona que lee (Reader)

Pactar : Acordar, convenir (Agree)

Portada : Primera plana, fachada (Front page, cover, title page)

Prensa : Periódicos, revista (Press)

Prensa amarilla : Periódicos sensacionalistas (Tabloid press)

Prensa rosa : Prensa del corazón (Gossip magazines)

Publicar : Hacer obra escrita (Publish)
Redactar : Plasmar por escrito (Write)
Rotativa : Máquina de imprimir (Rotary press)
Rotativo : Periódico, diario (Journal, News Paper)
Sección : Parte (Section, division)
Subscribirse : Abonarse (Subscribe)
Sumario : Resumen (Contents, table of contents)
Suplementos : Publicaciones extras (Supplement)
Tener mayor tirada : Vender más ejemplares (Very wide circulation)
Tirada : La circulación del periódico (Circulation)
Titular : Poner titulo a una cosa, encabezado de noticia (Title, headline)
Versión digital : Publicación electrónica (Digital edition)
Versión en papel : Que publica en papel (Paper edition)

Internet

Administrador : De sistema informático (System administrator)
Cargar Página web : Acceder a Internet (Access a website)
Ciberespacio : Ámbito de comunicaciones constituido por una red informática (Cyber space)
Hipertexto : Estructura de texto (Hypertext)
Internauta : Que navega por internet (Internet User)
Módem : Transmisor de datos por Internet (Modem)
Navegar : Moverse por Internet (Browse)
No recibir señal : No hay señal (Out of coverage)
Número de Clic : Número de visitantes a un portal (Number of visitors to a website, Clicks)
Página principal : Primera página (Homepage)
Portales de Internet : Sitio web (Website)
Realizar descargas gratis : Descargar gratuitamente (To download free of cost)

Recargar página : Actualizar página (Refresh)
Redes Sociales : Plataformas de interacción (Social networking sites)
Seguidor/-a : Aficionado/a, hincha (Supporter, fan)
Usuario : El que hace uso (User)
Visitante : Persona que visita (Visitor)
Web : Sitio web, Página de Internet (Website, webpage)

5. Ocio

A - Z

A

Aburrimiento : Tedio, desgana (Boredom)
Actividad de ocio : Actividad de tiempo libre (Free time activity)
Afilado : Acción de afilar (Sharpening)
Antídoto : Contra el veneno (Antidote)
Artes marciales : Sistema de lucha (Martial arts)
Asistir a clase de cerámica : Aprender cerámica (Join pottery classes)
Autonomía : Independencia (Autonomous)
Autorrealización : Realización por sí mismo (Self fulfilment)
Autosuperación : Mejorar a sí mismo (Self improvement)
Avituallamiento : Comida y bebida (Provisioning)

B

Bullicioso : Muy animado (Heavily crowded)

C

Centro comercial : Supermercado (Commercial centre)
Chatear : Hablar por chat (Chat)
Conciertos : Espectáculo musical (Concert)
Creatividad : Inventiva, ingenio (Creativity)

D

Danza del vientre : Baile de oriental (Belly dancing)

Dejar pasar el tiempo : Gastar el tiempo sin objetivo (Waste time)

Deporte de aventura : Deporte arriesgado (Adventure sport)

Descanso : Relax, inactividad laboral (Break)

Destreza : Habilidad para hacer algo (Skill)

Distracción : Falta de atención, Entretenimiento (Distraction, entertainment, amusement)

Distraerse : Desconcentrar a alguien (Get distracted)

E

Enriquecimiento personal : Mejorar a sí mismo (Personal enrichment)

Entretener : Divertir (Entertain)

Escribir en un blog : Escribir en una página web (Write a blog)

Esfuerzo : Uso de la fuerza física o mental (Effort)

Estar ocioso : Estar desocupado (Be idle)

F

Felicidad : Satisfacción y alegría (Joy)

Feria : Exhibición, bazar, muestra de gastronomía, literatura y artesanía (Fair,trade)

Filatelia : Colección de sellos (Stamp collection)

Formación : Desarrollo personal (Training)

G

Genuino : Auténtico, verdadero (Authentic, Verified)

Gratificante : Que satisface (Gratifying)

H

Hacer bricolaje : Hacer algo creativo a mano (Do-it-yourself project)

Hacer cocina creativa : Preparar nuevos platos (Prepare new/ creative dishes)

Hacer rafting : Hacer deporte en rio (Do rafting)

Hacer senderismo : Hacer actividad deportiva (Do hiking)

Hacer trabajo solidario : Trabajar para ayudar y apoyar a alguien (Do volunteer work)

I

Intimidad : Espacio privado (Privacy)

J

Jinete : Que monta a caballo (Hoarseman)

Juegos de mesa : Juegos que se juegan en un tablero.. ajedrez, parchís (Board game)

Jugar al ajedrez : Jugar al juego de tablero (Play chess)

L

Libertad : Facultad para actuar (Freedom, right)

Lugar exótico : Lugar extravagante (Exotic place)

M

Montar un globo : Viajar en globo (Balloon ride)

Motivación : Causa, acicate (Motivation)

N

No hacer nada : No trabajar (Be bone idle, be very lazy)

O

Ocio activo : Ocio que exige esfuerzos (Active leisure-Painting, Reading or writing a book)

Ocio pasivo : Ocio inactivo (Inactive leisure- Watching TV/ Movie)

P

Parque de atracciones : Feria permanente (Theme park, amusement park)

Piragüismo : Deporte de agua (Kayaking)

Potenciar : Impulsar, estimular (Develop, strengthen)

Practicar jardinería : Aprender a cuidar jardines (Learn gardening)

Proyectar : Exhibir, arrojar (Show, project)

R

Reaccionar : Actuar recíprocamente (To react)

Realización personal : Ejecución personal (Personal fulfilment)

Recreo : Cosa que distrae y alegra, receso, descanso (Break, escape,recess)

Rompecabezas : Puzle (Jigsaw puzzle)

S

Satisfacción : Placer, contento (Satisfaction)

Sociabilidad : Capacidad de relación (Sociability)

Sudoku : Puzle de números (Sudoku)

T

Talento : Habilidad, aptitud (Talent)

Taller : Estudio, escuela artística (Workshop)

Trasnochar : No dormir en la noche (Stay up all night or sleep very late)

Tumbarse a la bartola : Descuidar obligaciones (Doing nothing)

V

Variopinto : Con colores y formas (Multi coloured)

Ver un partido de fútbol : Ver un encuentro (Watch football match)

Visitar una exposición : Ir a ver una exposición (Visit an exhibition)

Vivalavirgen : Persona despreocupada (Happy-go-lucky person)

Z

Zona de ocio : Lugar de solaz (Leisure zone)

6. Música

A - Z

A

Acompañamiento : Música de fondo (Accompaniment)
Acorde : Conjunto de notas que armonizan (Chord)
Afinación : Afinar instrumentos (Tuning)
Agotamiento : Cansancio extremo (Burnout, exhausion)
Agudo : Sonido de tono alto (High-pitched)
Altavoces : Amplificadores de sonido (Speakers)
Altura musical : Frecuencia de sonido (Pitch)
Aludir : Mencionar de forma breve (Mention, Allude to)
Armonía : Consonancia (Harmony)
Armonio : Instrumento de cuerda (Harmonium)
Auditorio : Público (Concert hall, auditorium)
Auriculares : Altavoz para los oídos (Earphones)

B

Bajo : Cantante con voz grave (Bass)
Banda : Grupo musical (Band)
Batería : Instrumento de percusión (Drums, drum-set)
Blues : Género de música (Blues)

C

Canción de cuna : Música para bebes (lullaby)
Cantautor : Que canta y compone sus canciones (Singer who wrtites own songs)
Clave : Signo de música (Key)
Compas : Ritmo (Rhythm, beat)

Composición : Acción de componer (Composition)
Compositor : Músico, autor (Composer, song writer)
Conmover : Emocionar, causar ternura (Move, Touch)
Conservatorio : Escuela de música (Music school)
Coro : Personas que cantan (Choir)
Cuarteto : Cuatro instrumentos (Quartet)

D

Dar cabida a : Tener espacio para (Have space for)
Desafinado : Sin tono (Out of tune)
Desasosegar : Causar ansiedad (Disturb, Cause anxiety)
Desasosiego : Intranquilidad (Unease)
Destreza Técnica : Habilidad técnica (Technical Skill)
Disco : Soporte digital (Compact disk, CD, DVD)

E

Elogio : Halago, cumplido (Praise, Compliment)
Ensayo : Prueba (Trial, Test)
Escala : Notación musical (Scale)
Estar en apuros : Estar en una situación de vergüenza (Have problems, be uncomfortable)
Estrofa : Serie de versos (Stanza, verse)
Exigencia : Acción de exigir (Demand, Request)

F

Flauta : Instrumento de viento (Flute)

G

Género de música : El tipo de la música como Jazz, pop, Blues, Rock, Clásica (Type of music)
Grabadora : Aparato de grabación (Recorder)
Gracioso : Que causa risa (Funny, Amusing)
Grave : Tono de voz (Deep)

H

Himno : Composición poética de una nación (Hymn, anthem)

I

Interpretación : Representación (Performance)
Interpretar : Tocar música (Play, perform)
Intérprete : Que canta o toca instrumentos (Performer, artist)

J

Jactar : Alardear (Boast)
Jazz : Género de música (Jazz)

L

Las letras de una canción: Los versos de una canción (Lyrics)

M

Melodía : Música, canción (Melody, tune)
Micrófono : Aparato para hablar (Microphone)
Música clásica : Estilo (Classical music)
Música en vivo : No grabada (Live music)

N

Nota : Sondo de música (Note)
Notación : Grafismos para tema musical (Musical notation)

O

Orquesta : Conjunto de músicos (Orchestra)

P

Pegajoso : Que se graba en la mente (Catchy)

Piano : Instrumento musical (Piano)
Piropo : Alabanza, galanteria (flattering comment)
Pop : Género de música (Pop)
Presumir : Alardear de uno mismo (Brag, Boast)

R

Recital : Concierto de solista (Recital)
Ritmo : Cadencia de música (Rhythm)

S

Sala de concierto : Lugar donde se tocan instrumentos (Music hall, concert hall)
Saxofón : Instrumento de viento (Saxophone)
Sin estrenar : Sin usar (Unused, Brand New)
Sinfonía : Composición musical (Symphony)
Solista : Intérprete en solitario (Soloist, solo performer)
Sonata : Composición musical (Sonata)
Soprano : Cantante con voz aguda (Soprano)
Sosiego : Paz, tranquilidad (Calm)

T

Teclado : Tablero con teclas (Keyboard)
Tenor : Cantante (Tenor)
Trompeta : Instrumento de viento (Trumphet)
Trovador : Cantante (Folk singer)

V

Villancico : Canción navideña (Christmas carol)
Violín : Instrumento musical (Violin)

7. Arte

A - Z

A

Acuarela : Pintura al agua (Watercolor)
Arquitectura : Diseño de construcción y edificios (Architecture)
Arte abstracto : Arte no figurativo (Abstract art)
Arte conceptual : Arte del movimiento (Conceptual art)
Arte contemporáneo : Arte no muy antiguo (Contemporary art)
Arte moderno : Arte actual (Modern art)
Arte rupestre : Pinturas prehistóricas (Cave paintings, Cave art)
Autodidacta : Que aprende por sí mismo (Self-taught)
Autorretrato : Fotografía del propio autor (Self-Portrait)

B

Baile : Fiesta con música (Dance, ball)
Bellas Artes : Expresiones estéticas (Fine arts)
Boceto : Esbozo (Sketch, Outline)
Bodegón : Composición pictórica (Still Picture)

C

Caballete : Armazón de madera (Easel, artist's tripod)
Cerámica : Loza, arte, habilidad (Ceramic, art)
Cineasta : Productor o director de cine (Film-maker)
Coleccionista : Quien reúne objetos (Collector)
Collage : Obra artística (Collage)
Color cálido : Del rojo al amarillo (Ward colour)

Concentración : Algomeración (Gathering, rally)
Concurrir : Juntarse (Get together, come together, take part)
Consagrado : Famoso, preeminente (Renowned, Acclaimed)
Corriente : Normal, común (Common)
Crítico/a : Comentarista del arte, cine o literatura (Critic)
Cuadro : Lienzo pintado, pintura (Painting, picture, canvas)

D

Distinguido : Elegante (Distinguishd, refined)
Ducho : Persona que tiene habilidad en su campo (Expert in his/ her field)

E

En el primer plano : Delante (At the forefront)
Esbozar : Hacer un borrador (Sketch, outline)
Esbozo : Proyecto provisional (Draft)
Escenario : Lugar de filmación de escenas, tablas (Stage, scene, setting)
Esculpir : Moldear, dar forma (Sculpt)
Escultor : Artista que esculpe (Sculptor)
Espectáculo : Una obra del arte (Show, performance)
Estatua : Escultura (Statue)
Estética : De aspecto bello (Asthetic)
Estrenarse : Hacer una obra de arte por primera vez (Make a debut, first performance)
Exponer : Exihibir, mostrar (Exhibit, show)
Expresión : Decir sin palabras (Expression)

G

Gala : Elegancia (Elegance)

Galería : Donde se expone arte (Art gallery)
Galerista : Dueño de galería de arte (Gallery owner)
Gira : Tour de un artista (Tour)
Grabador : El que imprime laminás, que graba (Engraver, recording)
Grafiti : Composición gráfica (Graffiti)

H

Halagüeñas : Propicio, favorable (Promising, Flattering)

I

Impecable : Sin fallos, perfecto (Perfect, Flawless)
Impresionismo : Corriente pictórica (Impressionism)
Impresionista : Seguidor/-a del impresionismo (Impressionist)

L

Lienzo : Tela para óleo (Canvas)

N

Novel : Inexperto, novato (Novice, new, inexperienced)

O

Obra maestra : Trabajo exquisito (Masterpiece)
Óleo : Cuadro, pintura con la base de aceite (Oil painting)
Orfebrería : Artesanía de metales nobles (Working with precious metals)

P

Paleto : Plato en el que se ponen los colores (Pallete)
Patrocinador : El que patrocina, mecenas, Tutor (Sponsor, Patron)
Pinacoteca : Museo de pinturas (Art gallery)

Pincel : Instrumento para pintar (Paint brush)
Pincelada : Trazo con pincel (Brush-stroke)
Plasmar : Representar físicamente (Express, Physically represent)

R

Realismo : Tendencia artística (Realism)
Realista : Partidario de realismo (Realist)
Retrato : Fotografía de una persona (Potrait)

S

Santuario : Templo, refugio (Templo, Shrine)
Séptimo arte : Cine (Cinema)
Sereno : Tranquilo, sosegado (Calm)
Siluetas : Perfil, contorno (Outline)
Simbolizar : Presentar con símbolos (Symbolise - Symbolic representation)
Sobrevalorado : Con valor exagerado (Overvalued)
Subasta : Venta al mayor postor (Bid, auction)
Subastar : Vender al mayor postor (Auction)
Surrealismo : Corriente artistica (Surrealism)
Surrealista : Partidario/a del Surrelismo (Surrealist)

T

Tapia : Muro de la calle donde se hace grafiti (Wall)
Tono pastel : Color claro (Pastel tone)
Tonos fríos : Colores del azul al negro (Dark colours)

8. Fiestas y Festivales

Navidad

Amigo invisible : Amigo para intercambiar regalos (Secret Santa)

Año nuevo : Uno de enero (New Year)

Árbol de navidad : Árbol decorado navideño (Christmas tree)

Atole : Bebida de maíz (Cornflour drink)

Banquete : Convite (Banquet)

Bastón de caramelo : Bastón de golosina (Candy Cane)

Belén : Ciudad de Judea (Bethlehem)

Cabalgata de Reyes : Tradicional desfile de carrozas (Cavalcade of three kings)

Castañas : Fruto de castaño (Chest nut)

Cena de Navidad : Cena de 25 de diciembre (Christmas dinner)

Duende : Personaje de cuento (Elf)

Gordo : Premio mayor (Grand prize)

Lotería de Navidad : Sorteo grande (Christmas lottery)

Nacimiento : Representación de la Navidad (Nativity)

Navidad : Navidad de Jesucristo (Xmas)

Nochebuena : Cristianismo- 24 de diciembre (Christmas Eve)

Nochevieja : Última noche del año (New Year's Eve)

Polvorón : Galleta dulce (Shortbread cookie)

Resaca : Malestar por borrachera (Hangover)

Reyes Magos (RRMM) : Personajes bíblicos (Three wise men)

Rosca de Reyes : Miniaturas de Reyes de rosca (Dough in the form of Miniatures of Reyes)

Turrón : Alimento dulce (Nougat,fudge)
Villancico : Canción navideña (Christmas carol)

La Feria de abril (Sevilla)

Caseta : Casa pequeña - Feria de abril (Hut)
Farolillo : Farol para adornar (Lantern)
Manzanilla : Tipo de vino blanco (Manzanilla)
Recinto ferial : Espacio para celebrar ferias (Fairground)

Las Fallas (Valencia)

Cremá : El momento en que se prende pirotécnico (Cremá)

Fallero/a : Participante en las fallas (Participant in Las Fallas)

Fuegos artificiales: Pirotecnia, Cohetes, bengalas (Fireworks)

Las Fallas : Festival español, fiesta valenciana (Las Fallas – Spanish festival)

Mascletá : Un evento pirotécnico de las Fallas (Firework celebrations)

Ninot : Muñeco indultado que no quema (Ninot-Pardoned doll which does not burn)

Semana Santa (Sevilla, Valladolid, León, Granada y Zamora)

Canto : Arte de cantar (Singing, song)

Cofrade : Miembro de cofradía (Member of the brotherhood)

Cofradía : Una asociación de fieles catolicos (Association of Christians)

Cuaresma : Periodo de ayunas y vigilas (Lent)

Decir misa : Dar la misa (Preach, offer mass)

Desfile : Procesión, Marcha ordenada (Procession, parade)

Domingo de Ramos : Empieza la semana santa (Palm Sunday)

Domingo de resurrección : Domingo de pascua, resurrección (Easter)

Fogata : Hoguera (Campfire, fire, bonfire)

Hacer la pascua : Molestar (Bother, annoy)

Huevo de pascua : De chocolate o algo comestible (Easter egg)

Los pasos : Es el nombre que reciben las imágenes de la fiesta (Los Pasos)

Manzanilla : Tipo de vino blanco (Manzanilla)

Miércoles de ceniza : Inicio de cuaresma (Ash wednesday)

Pascua : Fiesta religiosa (Easter)

Saeta : Canto religioso (Sacred song)

Semana Santa : Conmemoración cristiana (Holy week)

Viernes santo : Pasión de cristo (Good Friday)

La Noche de San Juan (Galicia)

Hoguera : Fogata (Bonfire)

Meiga : Bruja (Witch)

Noche de San Juan : Fiesta española en la que se celebra el solsticio de verano (Noche de San Juan- Spanish festival)

Verbena : Fiesta popular de la festividad en la calle (Open air dance)

Los Sanfermines (Pamplona)

Cabezudo : Figura de fiestas (Carnival figure with oversized head)

Casco antiguo : Casco viejo, ciudad de centro histórico (Historical centre)

Charanga : Grupo musical (Charanga band- musical band)

Chupinazo : Fuego artificial para empezar la fiesta (Bang)

Comparsa : Grupo de carnaval (Troupe)

Cornada : Herida en el cuerpo (Wound from a bull's horn)

Encierro : Acción de dirigir a los toros hasta la plaza (Bull fighting)

Manada : Conjunto de animales (Herd)

Pañuelico : Pañuelo rojo con una imagen de santo o el escudo de Pamplona que llevan los toreros (Scarf)

Patrono/a : Santo/a de la festividad (Patron saint)

Sanfermines : Festejo de San Fermín (Celebrations during San Fermín festival)

Torero/a : Persona que lucha con toros (Bullfighter)

Vestimenta : Ropa (Clothing, outfit)

Los Carnavales (Cádiz y Santa cruz de Tenerife)

Banderola : Bandera pequeña (Banner)

Carroza : Carro de comparsa (Float)

Chirigota : Broma (Joke)

Confeti : Pedacitos de papel (Confetti)

Disfraz : Traje de máscara (Costume, disguise)

Disfrazarse : Ponerse un disfraz (Disguise yourself)

Máscara : Careta para la cara (Mask)

Opulencia : Riqueza, abundancia (Luxury, opulence)

Reina de la fiesta : Quien gana el concurso (Queen of the festival)

9. Ritos Sociales

A to Z

A

Adorno : Embellece la decoración (Ornament, adornement, decoration)

Altar : Mesa consagrada (Altar, Communion table)

Anillo de compromiso : Sortija de pedida (Engagement ring)

Aniversario : Cumpleaños de un suceso o de boda (Anniversary)

Ataúd : Féretro, Caja para enterramiento (Coffin)

Azafrán : Condimento, colorante (Saffron)

B

Bautizo : Sacramento, ceremonia (Baptism)

C

Caléndula : Margarita (Marigold)

Carpa : Recinto de lona (Tent)

Consolar : Aliviar la pena (Console)

Convite : Banquete (Feast, reception)

Corona : Aro de flores (Garland)

Cráneo : Calavera (Skull)

Cúrcuma : Planta herbácea (Turmeric)

D

Dama de honor : Acompañante de la novia (Bridesmaid)

Dar el pésame : Dar condolencias (Give condolences)

Dios/a : Deidad, divinidad (God, To be supreme)

E

Enlace matrimonial : Boda (Wedding)

G

Guirnalda : Adorno (Garland)

F

Felicitación : Expresión de alegría (Greetings, wishes)
Frutos secos : Semillas (Dry fruits and nuts)
Funeral : Entierro (Funeral)

H

Homenaje : Reconocimiento público (Homeage, Tribute)

I

Iglesia : Templo cristiano (Church)
Inauguración : Apertura de un evento o de un lugar (Inauguration)
Incinerar : Quemar el cuerpo (Cremate)

L

Luna de miel : Viaje de bodas (Honeymoon)
Luto : Duelo, señal de dolor (Mourning)

N

Necrológica : Obituario (Obituary)
Nupcias : Ceremonia del matrimonio (Wedding, nuptials)

O

Ofrenda : Obsequio a una deidad (Offering)
Ofrendar : Ofrecer, donar (To offer, give offering)

P

Padrino : De boda, de bautismo (Best man, godfather)
Panteón : Lugar de enterramiento (Cemetery)
Parentela : Familiares (Relative)
Pastel de boda : Tarta de boda (Wedding cake)
Pelona : Muerte, catrina, flaca (Death)
Peregrinación : Viaje a lugar sagrado (Pilgrimage)
Peregrino : Viajero (Pilgrim)
Politeísta : Que reza a muchos Dios (Polytheistic)
Primera comunión : Primera vez que se comulga (First communion)
Procesión : Peregrinación (Procession)

Q

Quinceañera : Persona que tiene quince años (Fifteen year old)

R

Ramo de Novia : Bouquet de la novia (Wedding bouquet)
Recién casado : Casado recientemente (Newly wed)
Recordatorio : Escrito para recordar (Reminder)
Restos : Restos mortales (Remains)

S

Sacerdote : Consagrado a un rito, padre (Priest)
Santo : Día de celebración católica (Name day, Saint day)
Santuario : Templo, refugio (Temple, Religion, Shrine, Sanctuary)
Sermón : Homilía de religión (Sermon)

T

Tanatorio : Lugar para velar (Funeral home)
Tumba : Sepultura (Grave)

V

Vals : Baile de salón (Waltz)
Velatorio : Funeral (Funeral parlour)
Vendimia : Recogida de la uva (Grape harvest)

10. Ciudadano Activo

Trámites burocráticos

Acreditar : Probar su certeza (Confirm)
Adjuntar : Acompañar (Attach)
Cédula : Documento oficial (Document, card)
Comparecer : Presentarse (Appear)
Compulsar : Certificar (Certify a copy of)
Cónsul : Representante diplomático (Consul)
Cotejar : Comparar (Compare, check against)
Cumplimentar : Rellenar (Complete)
Dactilar : Digital, de los dedos (Digital, print)
Denegar : Rechazar (Deny)
Diligenciar : Realizar trámite (Fulfill requirements to obtain)
DNI (Documento Nacional de Identidad) : Carnet de identidad (Identity card)
Expedir : Entregar (Issue)
Extravío : Pérdida (Loss)
Formulario : Impreso, documento con preguntas (Form, questionnaire)
Huella dactilar : Impreso de los dedos (Fingerprint)
Portador : Quien lleva documento (Bearer)
Sellar : Poner un sello (Seal)
Solicitar : Pedir formalmente (Request, ask for)
Sustracción : Robo (Theft)
Tramitar : Gestionar (Process)
Traspapelar : Confundirse entre papeles (Be misplaced)

Sistema política

Abstención : Acción de no votar (Boycott, abstention)
Cabina : Recinto pequeño (Booth)
Cámara alta : Derecho-senado (Upper chamber)
Cámara baja : Derecho-diputados (Lower chamber)
Candidato/a : Persona propuesta (Candidate)
Censo electoral : Lista de electores (Electoral register)
Circunscripción : División de un territorio (Constituency)
Colegio electoral : Lugar donde se vota (Polling place)
Congreso : Asamblea legislativa (Parliament)
Constitución : Conjunto de leyes (Constitution)
Constitucional : Apegado a la constitución (Constitutional)
Cortes generales : Parlamento español (Spanish Parliament)
Diputado : Legislador nacional (Member of parliament, representative)
Escaños : Puesto de parlamento (Seat)
Fungir : Desempeñar un cargo (Function, serve)
Gobierno autonómico : De las comunidades autónomos (Autonomous government)
Gobierno Federal : Jurisdicción nacional - Estados (Federal government)
Interventores : Personas de la partida política (Political party members)
Jefe de Estado : Autoridad máxima (Head of state)
Junta de gobierno : Órgano de gobierno (Governing Body)
Mesa electoral : Demarcación electoral (Polling place)
Mayoría absoluta : De votos totales (Absolute majorty)
Papelera : Papel para votar (Ballot)

Parlamentario/a : Miembro de parlamento (Member of Parliament)

Poder ejecutivo : Jefe del Estado (Executive power)

Poder judicial : Tribunales, Juzgados (Judiciary)

Poder legislativo : Parlamento, congreso (Legislative power)

Recuento de votos : Escrutinio (Recount)

República : Tipo de gobierno (Republic)

Sondeo electoral : Encuesta de elecciones (Election survey)

Sufragio : Voto (Vote)

Urna : Recipiente para votos (Ballot box)

Vencer en las urnas : Triunfar (Triumph)

Vocal : Consejero (Spokesperson)

Voto electrónico : Voto digital (Electronic vote in EVM)

Voto en blanco : Abstención activa (Blank vote)

Voto nulo : Voto no computable (Invalid ballot)

Tráfico, volante y Seguridad vial

Abrocharse el cinturón : Sujetarse (Fasten your seat belt)

Adelantamiento : Acción de pasar vehículo (Pass, Overtake)

Aparcamiento : Acción de aparcar, lugar de estacionamiento (Parking, parking lot)

Aparcar en doble fila : En paralelo (Double parking)

Arcén : Junto a la carretera (Hard shoulder- side roads of highways)

Asfalto : Superficie pavimentada (Pavement, road)

Autopista : Carretera con varios carriles (Freeway)

Avería : Máquina deja de funcionar (Breakdown)

Cadenas : Aparato para la nieve (Snow chains)

Calle Peatonal : Calle sin coches (Pedestrian street)

Cambiar de carril : Moverse a otro carril (Change lanes)

Carnet : Permiso de conducción (Driver's license)

Carril-bici : Carril para bicicletas (Cycle lane)
Casco : Pieza que protege la cabeza (Helmet)
Ceda el paso : Letrero de tráfico (Give way)
Cinturón de seguridad : Tira de sujeción (Seat belt)
Código de circulación : Reglamento de tránsito (Traffic regulations)
Cruce : De vías (Crossing)
Cruce peatonal : Señal vial (Pedesrian crossing)
Derrapar : Patinar un vehículo (Skid)
DGT : Dirección General de Tráfico (General Directorate of Traffic)
Estrellarse contra... : Golpearse violentamente contra... (Crash against)
Exceso de velocidad : Sobrepasa el límite (Excessive speed)
Frenar en seco : Detenerse bruscamente (Brake suddenly)
Grúa : Máquina para levantar cargas (Crane)
Infracción de tráfico : Delito vehicular (Traffic violation)
Intermitentes : Luz que prende y apaga (Flashing light)
Línea discontinua : Indica que se puede pasar (Can overtake)
Maniobra : Movimientos con coche (Manoevure)
Marcha atrás : Retroceder (Reverse, reverse gear)
Multa : Penalización (Fine)
Patrulla : Grupo de soldados (Patrol)
Peaje : Pago en autopista (Tollbooth)
Peatón : Quien anda a pie (Pedestrian)
Peatonal : Sólo para peatones (Pedestrian way)
Pinchar : Clavar una llanta/rueda (Get a flat tyre)
Punto negro : Tráfico- concentración de accidentes (Accident blackspot)

Saltarse un semáforo : No respetar el rojo (Jump a light, run a red light)

Sentido : Dirección (Direction, way)

Señal de tráfico : Indica normas circulación (Traffic signal)

Silla infantil : Asiento pequeño (Baby seat)

Travesía : Tramo de carrera (Through road)

Visibilidad : Claridad (Visibility)

Ayuntamiento

Acta : Reseña escrita, acuerdo escrito (Minutes, agreement)

Alumbrado : Iluminación pública (Streetlight)

Alumbramiento : Dotación de luz (Lighting)

Arrendador : Que alquila algo (Lesser, landlord, landlady)

Arrendatario : Quien paga un alquiler (Renter, tenant)

Asociación de vecinos : Grupo de vecinos (Neighborhood association)

Atención al ciudadano : Ayuda al residente (Citizen assistance)

Ayuntamiento : Gobierno de un municipio (Local government, city council)

Comunidad de vecinos : Comunidad de un edificio o barrio (Residents association)

Concejal : Edil/-a (City councillor)

Guardia Civil : Fuerza del orden (Civil guard)

Junta directiva : Órgano Colegiado (Board of directors)

Inmueble : Casa, edificio (Building)

Perrera : Lugar para perros (Animal sheltar)

Presidente/a : Persona que preside (Presiding person)

Sanidad : Servicio de salud (Health service)

Secretario /a : Asistente (Secretary)

Servicios públicos : Servicios provistos por el estado (Public service)

Servicios sociales : Prestaciones sociales (Social services)

Sistema alcantarillado : Sistema para aguas sucias (Sewage system)

Tesorero/a : Administrador de dinero (Treasurer)

Vecindario : Gente de la vecindad (Neighbourhood)

Vertedero : Basurero (Garbage dump)

Sistema judicial

A juicio de alguien : Según el criterio de alguien (In opinion of someone)

A su juicio : Según su criterio (In opinion, According to)

Abogado/a : Licenciado/a en derecho (Lawyer, Attorney)

Abogado de oficio : Asistencia jurídica gratuita (Public defender)

Abogado defensor : Defensa del acusado (Defence attorney)

Absuelto/a : No es culpable (Absolved)

Acusado/a : Investigado/a, imputado/a, inculpado/a (Accused)

Alegato : Derecho a defensa (Plea)

Alegato final : Última defensa (Last hearing)

Antecedentes penales : Historial delictivo (Criminal record)

Apelar : Recurrir (To appeal)

Coartada : Excusa, pretexto (Excuse)

Condena : Castigo, pena (Sentence)

Delitos contra la propiedad : Robo (Robbery)

Estrangulación : Asfixia (Suffocation, asphyxiation)

Evidencia : Prueba, certeza (Proof, evidence)

Exculparse : Ser libertad de culpa (Acquit)

Fiscal : Acusador público (Public prosecutor)

Forense : Medicina legal, especialista en autopsias (Forensic, medical examiner)

Impugnar : Recurrir una sentencia (Refute, appeal)

Imputar : Acusar, inculpar (To accuse)

Indemnización : Compensación económica (Compensation)

Juez/-a: Persona que juzga y sentencia (Judge)

Juicio : Proceso ante un tribunal, opinión (Trial, opinion)

Presumiblemente : Con presunción (Presumably)

Presunto/a : Persona cuyo delito no demostrado (Suspected)

Sentencia : Decisión del juez, dictamen (Sentence, judgement)

Resolución juridicial : Veredicto (Verdict)

Testamento : Última voluntad (Will)

Testimonio : Prueba, justificación (Proof, testimony)

Tribunal : Juzgado (Court)

Víctima : Que padece un daño (Victim)

11. Consumismo y Publicidad

A - Z

A

Aglomeración : Mucha gente (Mass, crowd)

Agotar : Gastar, consumir (Exhaust)

Ahorrador : Quien no gasta dinero (Saver, one does not spend money)

Ahorro : Tiempo, dinero, acción de guardar dinero (Time, Money, savings)

Ahorros : Dinero en reserva (Savings)

Alcance : Capacidad (Reach, power)

Almacenes : Depositos, bodegas (Warehouse, storehouse)

Anaranjado : De color naranja (Of orange color)

Antojo : Capricho pasajero (Fancy)

Atención al cliente : Reclamaciones, ayuda (Customer service)

Atraer : Acercar (Attract)

B

Bolsillo : Bolsita en la ropa, dinero propio (Pocket, Loose change)

Bombardear con publicidad : Demasiada publicidad (Bombard with advertisements)

Buzón : Para echar o recibir el correo (Mailbox)

C

Camelar : Convencer con engaño (Talk sweet to win over/influence)

Capricho : Antojo (Craving, Impulse)

Carrito de la compra : Carrito de supermercado (Shopping cart)

Cartel : Anuncio público (Poster)

Cartelera : Cartel en el cine o periódico (Billboard, Hoarding, Advertisement)

Cuenta de ahorros : Cuenta en un banco (Savings account)

D

De segunda mano : Artículos o productos usados (Second-hand)

Deducir : Sacar una conclusión (Presume)

Dependiente/dependienta : Empleado/a de comercio (Shop assistant)

Derrochador/-a : Que despilfarra (Spendthrift)

Desasosegar: Causar ansiedad (Disturb, Distress)

Desembolso : Pago, entrega de dinero (Payment, Expenditure)

Didáctico : Que enseña, educativo (Educational, teaching)

Dinero negro : Dinero sin pagar impuestos (Black money)

Directiva : Personas-juntas, mando (Board of Directors)

Diseño : Estilo, forma (Style)

E

Empeñarse : Empecinarse, adquirir muchas deudas (Insist on, get into debt)

Encargado : Alguien que tiene su cargo un negocio (Manager, person in charge)

Encuesta : Cuestionario de preguntas (Survey, poll)

Entrega : Acción de dar (Delivery)

Escaparate : Tipo de armario donde se muestran los productos (Closet, Wardrobe, Cupboard)

Etiqueta : Identificación (Label, tag)

F

Folleto : Librillo informativo (Brochure)

Fraude : Timo (Scam, fraud)

G

Gama : Serie de cosas (Range)

Ganga : Barato, oportunidad (Bargain)

Garantía : Periodo cubierto (Guarantee, warranty)

Generoso : Persona dadivosa/noble (Generous)

I

Imagen de la compañía : Percepción del cliente (Company image)

Importe : Valor, coste (Cost)

Impuesto : Gravamen, arancel (Tax, Levy)

Inflación : Subida de precios (Inflation)

Inventario : Listado de artículos (Inventory)

L

Lema : Frase inspiradora (Motto, slogan)

Liquidación : Venta a menor precio (Clearing sale)

M

Marca : Nombre de producto o servicio (Brand, trade mark)

Mercadillo : Venta ambulante (Street market)

Mercadotecnia : Técnicas para vender (Marketing)

P

Patrocinar : Apadrinar, financiar (Sponsor, Financiar)
Perceptible : Que se puede notar (Noticeable)
Percibir : Darse cuenta, notar (Perceive)
Picar : Molestar (Bother)
Picotear : Comer poco del plato (Sample, pick at)
Poder adquisitivo : Tener dinero/riqueza (Purchasing power)
Póliza : Documento de contrato (Policy)
Preciar : Valorar algo (Value something)
Preciarse : Jactarse, presumir (Value yourself, pride yourself)
Presumir : Cuidar el aspecto (Brag, boast)
Presupuesto : Previsión de gastos (Budget, Estimate)
Previsor : Que prevé (Foresighted)
Proveedor : Suministrador (Supplier, Dealer)
Psicoanalista : Terapeuta psicoanálisis (Pyschoanalyst)
Publicidad engañosa : Publicidad mentirosa (False publicity)

R

Rebaja : Descuento (Price reduction)
Recambios : Acción de recambiar (Replacement)
Recesión : Depresión económica (Recession)
Reclamación : Queja, protesta (Complain, claim)
Reclamante : Demandante (Claimant)
Reembolso : Pago contra recepción (Refund, Repay)
Regatear : Debatir el precio de algo (Bargain)
Regateo : Acción y efecto de regatear (Bargaining)
Repartidor/a : Que reparte o distribuye (Delivery person)

S

Saldo : Pago pendiente (Balance, Remainder)
Salida : Solución, remedio (Solution, way out)
Satírico : Irónico, que se burla (Ironic)
Subasta : Venta al mayor postor (Auction)
Superficie : Que solamente existe en el frente (Surface)

T

Tacaño : Avaro, miserable (Miserly)
Temporada (Alta/Baja) : Periodo destinado a una actividad (High/low season)
Tentar : Incitar (Tempt)

V

Valla publicitaria : Gran cartel (Billboard)
Vendedor : Quien vende algo (Shopkeeper, agent)
Vicios : Malos habitos, de algo adictivo (Bad habits, Addicition of something bad)
Voluntariamente : Por cuenta propia (Of your own free will)

12. Turismo

A - Z

A

A tiempo : En hora (On time)
Abarrotado/a : Muy lleno (Crowded, jam-packed)
Abrupto/a : Escarpado, inaccesible (Steep)
Adelantado/a : Que va delante (Ahead)
Aduana : Oficina de control de mercancías importadas (Customs)
Aduanero/a : Persona que trabaja en la aduana (Custom officer)
Aerolínea : Compañía de aviación (Airline)
Aeronave : Vehículo de aviación (Aircraft)
Agreste : Salvaje, no cultivado (Wild, rural)
Amenizar : Que sea divertido (Makes more pleasant)
Andén : Plataforma (Platform)
Anfitrión : Que tiene invitados (Host)
Apearse : Bajar (Get off)
Area de facturación : Embarque de equipajes (Check-in Area)
Arco des seguridad : Detector de metal (Security check, security gate)
Asequible : Barato (Affordable)
Atención al pasajero : Asistencia al pasajero (Passenger assistance)
Aterrizaje : Acción de aterrizar (Landing)
Aterrizaje forzoso : Aterrizar por urgencia (Forced landing)
Aterrizaje suave : Aterrizaje cómodo (Soft landing)

B

Bahía : Pequeño golfo (Bay)
Balneario : Spa (Spa)
Balsero : Piloto de balsa (Raftsman)
Billete : Tique de transporte (Ticket)
Bolsa de viaje : Maleta de lona (Travel bag)

C

Camarote : Habitación de barco (Cabin)

Carrito de equipaje : Carrito de maleta/bolsa (Luggage trolley)

Casa de huéspedes : Lugar de hospedaje (Guest house, Bed and Breakfast, B&B)

Centro turístico : Atracción de un lugar (Centre for tourism)

Chapuzón : Baño rápido (Quick dip)

Cheque de viaje : Cheque del banco para viajar (Traveler's cheque)

Coche Cama: Vagón dormitorio (Sleeper, sleeping car)

Con antelación : Anticipadamente (Before hand)

Con escala en : Con una parada en (With stopover in)

Con retraso : Con demora (With delay)

Contrareembolso : Pago contra recepción (Cash on delivery)

Crucero : Viaje de placer por mar, buque de placer (Cruise, cruise ship)

D

Dársena : Muelle resguardado (Inner harbour)
Demora : Retraso de tiempo (Delay, hold-up)
Despegar : Desprender, soltar (Take off)
Despegue : Separación del suelo (Takeoff)
Destino : Lugar de llegada (Destination)

E

Ecoturismo : Turismo que respeta la naturaleza (Ecotourism)

Embarcación : Embarque, acción (Boarding, going aboard)

Embarcar : Entrar/poner en barco, avión (Board, load)

Equipaje de mano : Bolso pequeño (Hand luggage)

Escapada : Viaje de fin de semana (Weekend trip)

Estación de esquí : Edificios y pistas (Ski station, ski resort)

Estancia : Permanecía en lugar (Stay)

Excursionista : Explorador/-a, caminante (Traveller, tourist)

F

Facturar : Entregar el equipaje (Check-in)

Furgoneta : Furgón pequeño (Pickup truck)

H

Habitación doble : Dormitorio para dos (Double-bed room)

Habitación individual : Dormitorio para uno (Single-bed room)

Hacer escala : Hacer parada (To do stopover)

Holgadamente : Con recursos suficientes (Comfortably)

Hospedaje : Lugar para dormir (Lodging)

Hospedarse : Vivir temporalmente (Lodge)

Hotel de lujo : Hospedaje lujoso (Luxury hotel)

I

Importe : Valor (Cost, price)

Itinerario : Horario especifico (Time table, itinerary)

L

Leer las letras pequeñas del folleto de viajes : Leer atentamente todas las condiciones del contrato (Read carefully while signing the contract)

Llegada : A un lugar (Arrive)

M

Macuto : Mochila (Backpack, kit bag)

Mapa : Cartografía de un lugar (Map)

Marinero : Navegante (Sailor, Seaman)

Moneda extranjera : Moneda no del país (Foreign currency)

Mostrador de vuelos : Pantalla en que se muestra la información sobre vuelos (Information board for flights)

Motel de carretera : Hotel de carretera (Highway motel)

O

Oficina de turismo : Lugar de información (Tourist office)

P

Paquete turístico : Conjunto de servicios (Package tour)

Parada : Acción de parar (Stop)

Parque de diversiones : Feria permanente (Theme park)

Pasajero : Persona que viaja (Traveller)

Pasaporte : Documento de identificación personal (Passport)

Pensión : Lugar de alojamiento (Hostel, boarding house)

Pernoctar : Pasar la noche fuera (Stay overnight)

Posada : Lugar de hospedaje (Inn, Lodge)

Puerta de embarque : Puerta de acceso a la aeronave (Boarding gate)

R

Reembolsar : Reponer, restituir (Refund)

Reintegrar : Restituir (Pay back, refund)

Reserva de hotel : Reserva de alojamiento (Hotel reservation)

Respaldo : Apoyo de un asiento (Back)

S

Saco de dormir : Edredón de acampada (Sleeping bag)

Sala de espera : Donde esperan viajeros (Waiting hall)

Salida : Partida programada (Departure)

Salida : Puerta, abertura, Paseo, excursión (Exit, way out, Trip, journey)

Seguro de viaje : Cobertura de viaje (Travel Insurance)

Sin penalización : Sin castigo (Without penalty)

T

Taquilla : Lugar de venta de billetes (Ticket office, ticket window)

Tarifa : Precio (Tarrif, rate, price)

Temporada alta : Alta demanda turística (Peak season, high season)

Temporada baja : Poca demanda turística (Off season, low season)

Tomar tierra : Aterrizar (Land)

Transatlántico/a : Que cruza Atlántico (Transtlantic)

Travesía : Viaje largo (Voyage, journey)

Tripulación : Personal a bordo (Crew)

V

Veraneante : Quien pasa el verano fuera de su lugar de residencia (Summer holidaymaker)

Veraneo : Acción de vacacionar (Summer holiday)

Viaje de ida y vuelta : Trayecto completo (Round trip, return trip)

Visado : Autorización de entrada a un país (Visa)

Visado de tránsito : Permiso a estancia breve (Transit visa)

Z

Zarpar : Levar anclas (Set sail)

13. Salud y Enfermedades

A - Z

A

Aborto : Interrupción del embarazo (Abortion, miscarriage)
Acidez : Ardor de estómago (Heartburn, acidity)
Agravarse : Deteriorase (Get worse)
Alergia : Sensibilidad, aversión (Allergy)
Alimentación equilibrada : Comida equilibrada (Balanced diet)
Aliviar : Mitigar enfermedad (Alleviate, relieve)
Ambulancia : Transporte de enfermos (Ambulance)
Análisis de sangre : Analítica (Blood test)
Anestesia : Sustancia anestésica (Anaesthesia)
Anestesista : Doctor que anestesia (Anaesthetist)
Anginas : Amígdalas (Tonsils)
Ardor : Sensación de calor (Burning sensation)
Audífono : Aparato para oír (Hearing-aid)

B

Bata : Uniforme de médicos (Hospital gown for doctors)
Bulto : Abultamiento (Lump)

C

Calmante : Que calma (Painkiller)
Caloría : Unidad de energía (Calorie)

Camilla : De hospital en la que se lleva al paciente (Stretcher)

Cáncer : Enfermedad grave (Cancer)

Cápsula : Medicamento con envoltura (Capsule)

Cardiología: Esudio del corazón (Cardiology)

Cardiólogo : Médico del corazón (Cardiologist)

Caríes : Cavidad dental (Cavity)

Cicatrizar : Curarse heridas (Heal, scar over)

Cirugía : Intervención Quirúrgica (Surgery)

Cirugía estética : Intervención cosmética (Aesthetic surgery)

Cirujano : Médico que opera (Surgeon)

Cólico : Dolor en zona intestinal (Colic, stomach cramps)

Conjuntivitis : Inflamación en ojos (Conjuntivitis)

Contagiarse : Enfermarse por contagio (Catch, contract)

Convalecer : Recobrar fuerzas (Recover)

Chequeo médico : Examen de salud (Medical check-up)

Chichón : Bulto en la cabeza (Bump, lump)

D

Décimas : Fiebre, calentura (Fever)

Demencia : Alzheimer, Debilitamiento mental irreversible (Dementia)

Depresión : Tristeza profunda (Depression)

Diabetes : Trastorno metabólico (Diabetes)

Diarrea : Desarreglo intestinal (Diarrhoea)

Dieta : Régimen (Diet)

Dietista : Quien aconseja sobre la dieta (Dietician)

Diurético/a : Medicina renal (Diuretic)

E

Eccema/eczema : Afección de la piel (Eczema)

Empachar : Provocar indigestión (Indigestion)
Epidemia : Expansión de enfermedad (Epidemic, outbreak)
Escalofrío : Temblor por frío o miedo (Chill, shiver)
Esguince : Rotura de fibras por lesión (Sprain)
Estreñimiento : Escasez de deposiciones (Constipation)
Estrés : Tensión (Stress)

F

Flemón : Tumor de la encía (Gumboil)
Fractura : Rotura de un hueso (Fracture, break)

G

Gasa : Tela para medicina (Gauze, Dressing)
Gastroenterología : Medicina digestiva (Gastroenterology)
Genéticos : Relativo a los genes (Genetic)
Ginecología : Medicina de la mujer (Gynaecology)
Ginecólogo : Especialista en ginecología (Gynecologist)
Gotero : Medicina- gota a gota (Drip)
Grasa : Tipo de tejido orgánico (Fat)

H

Hemorragia nasal : Pérdida de sangre por nasal (Nose bleeding)
Hematología : Estudio de la sangre (Haematology)
Herida : Corte, laceración (Injury)
Herpes : Virus de la piel (Cold-sore)
Higiene : Aseo personal (Hygiene, cleanliness)
Historia clínica : De un paciente (Medical history)
Homeopatía : Medicina alternativa (Homeopathy)

I

Indigestión : Digestión anómala (Indigestion)

Inflamación : Hinchazón (Inflammation)
Inmunología : Rama de la medicina (Immunology)
Insomnio : Falta de sueño (Insomnia)
Inyección : Medicamento inyectado (Injection)

J

Jaqueca : Dolor de cabeza (Headache, migraine)

M

Mareo : Vértigo (Dizziness)
Mascarilla : Mascara médica (Face mask)
Médico de cabecera : Médico de atención primaria (General Physician/practitioner)
Migraña : Dolor de cabeza (Migraine)
Minusvalía : Discapacidad física o mental (Disability, handicap)
Muleta : Palos o algo para apoyarse al andar (Crutch)

N

Náusea : Deseo de vomitar (Nausea)
Neumonía : Enfermedad pulmonar (Pneumonia)

O

Obesidad : Exceso de peso (Obesity)
Odontólogo : dentista (Dentist)
Oftalmología : Especialidad en ojos (Ophthalmology)
Oftalmólogo : Especialista en ojos (Ophthalmologist)
Operación : Intervención quirúrgica (Operation)
Otorrinolaringólogo : Medico de garganta, nariz y oído (ENT Specialist)

P

Paciente : Enfermo/a (Patient)

Palidez : Pérdida de color (Paleness)
Paperas : Inflamación glándulas salivares (Mumps)
Parto : Alumbramiento (Birth, labour)
Pediatra : Médico de niños (Paediatrician)
Piedra : Cálculo renal (Stone)
Píldora : Pastilla de medicina (Pill, tablet)
Polio o Poliomielitis : Enfermedad por virus (Poliomyelitis)
Pomada : Crema curativa (Ointment, balm)
Presión sanguínea : Fuerza de sangre bombeada (Blood pressure)
Progenitor : Padre o madre (Biological parents)
Proteína : Compuesto orgánico (Protein)
Psicólogo : Terapeuta (Psychologist)
Psicópata : Persona que sufre psicopatía (Psycopath)
Psicopatía : Trastorno mental (Psychopathy)
Psiquiatra : Doctor de psiquiatría (Psychiatrist)
Psiquiatría : Rama de la medicina (Psychiatry)

Q

Quemadura solar : Herida por calor del Sol (Sun burn)
Quirófano : Lugar de cirugía (Operating room)

R

Rabia : Ira, enfado (Anger)
Radiografía : Procedimiento de rayos X (X-ray)
Radiología : Análisis de rayos X (Radiology)
Rasguño : Arañazo (Scratch)
Receta : Prescripción médica (Prescription)
Resfriado : Gripe, catarro (Cold)
Resonancia : Prueba médica (Scan MRI)
Reumatismo : Enfermedad ósea (Rheumatism)

S

Sala de emergencias : Espacio para tratar a paciente del accidente o de trauma (Emergency room)

Sala de espera : Vestíbulo, recibidor (Waiting room)

Sanar : Curarse (Recobrar la salud, heal, recover)

Sarampión : Enfermedad (Measles)

Sistema nervioso : Cerebro, neuronas (Nervous system)

Sutura : Medicina de una herida (Stitch)

T

Temblar : Tiritar (Shiver)

Tratamiento : Trato (Medical treatment)

Traumatología : Estudio de traumatismo (Orthopedics)

Traumatólogo : Médico de traumatología (Orthopedic surgeon)

U

Úlcera : Dolencia estomacal (Ulcer)

Unidad de Cuidados Intensivos : Espacio muy importante de un hospital (Intensive Care Unit - ICU)

Urólogo : Doctor de vías urinarias (Urologist)

V

Vacunarse : Aplicarse vacuna (Get vaccinated)

Varicela : Enfermedad infecciosa (Chicken pox)

Vértigo : Pérdida de equilibrio (Vertigo, dizziness)

Vitamina : Sustancia proteica (Vitamin)

Vómito : Acción de vomitar (Vomit)

14. Deportes

A - Z

A

Adversario : Contrincante, rival (Opposing, contrary)
Afrontar : Hacer frente (Confront)
Aplazar : Posponer (Postpone)
Arrancar : Sacar, quitar (Pull up, Uproot)
Arriesgarse : Exponerse (Put yourself at risk)

C

Captar : Atraer, ganar (Capture, Grab)
Compatriota : De la misma patria (Countryman)
Conciliar : Poner de acuerdo (Reconcile)

D

Delantero/a: Atacante (Forward, striker)
Desafiar : Retar a algo (Challenge)
Descanso : Relax (Rest)
Destreza : Habilidad para hacer algo (Skill, Ability)
Diestro : Que usa la mano derecha (Right-handed)
Disputar : Debatir (Dispute)

E

Empate : Igualdad en marcador (Tie, draw)
Emprender : Empezar (Set out on)
Encuentro : Partido (Game, match)
Esgrima : Deporte de espada (Fencing)

G

Golpe de suerte : Evento favorable (Stroke of luck)

H

Hincha : Entusiasta, Aficionado/a, seguidor/-a, Forofo/a (Supporter, fan)

Hito : Suceso importante (Milestone)

M

Marcar un tanto : Obtener un punto (Score)

Marcador : Pantall en que se muestran los resultados (Scoreboard)

Medalla : Premio, placa de metal (Medal)

P

Partidario/a : Seguidor/-a de una tendencia o una persona (In favour of)

Patín : Calzado para deslizarse (Skate)

Patria : País de nacimiento (Homeland)

Patriota : Que ama a su país (Patriot)

Patriotismo : Amor al país (Patriotism)

Pluma : Volante de bádminton (Shuttlecock)

Previsor : Que prevé (Foresighted)

R

Recaudación : Impuestos (Revenue, Tax, Collection)

Rendir cuentas: Dar explicaciones (Give an explanation, be held accountable))

Rendirse : Darse por vencido (Admit, Confess, Quit, Surrender)

Retomar : Volver a empezar (Resume, Restart)

S

Saborear (la victoria) : Disfrutar (Enjoy)
Subir al podio : Subir al pedestal (Climb the podium)

T

Tribuna : Plataforma elevada (Platform, stand)
Temporada : Periodo destinado a una actividad (Season)

V

Volcar : Tirar, tumbar (Knock over)

Baloncesto

Alero : Jugador del baloncesto (Striker, forward)
Árbitro : Juez deportivo (Referee, umpire)
Base : Jugador que organiza (Point guard)
Canasta : Cesta de baloncesto (Basket)
Cancha del baloncesto : Terreno de baloncesto (Court)
Partido : Competición deportiva (Competition, match)
Pivote : Jugador de defensa (Pivot)
Red : De cuerda o alambre (Net)
Saque : Puesta en juego (Service)
Tablero : Tabla de cesta de baloncesto (Backboard)

Fútbol

Árbitro : Juez deportivo (Referee, umpire)
Área : Zona, espacio (Zone, space, region)
Campo : Terreno (Field)
Copa : Competición deportiva (Cup)
Fichaje : Contratación (Signing)
Gol : Tanto, punto (Goal score)
Gradas : Plazas, asientos (Grandstand, stands, terraces)
Guardameta : Arquero, Portero (Goal-keeper)
Liga : Torneo (League)

Meta : Portería (Goal post)
Partido : Competición deportiva (Competition, match)
Penalti : Falta, sanción (Foul, penalty)
Prórroga : Plazo extendido (Extension)
Recogepelotas : Encargado de recoger pelotas (Ballboy)
Récord : Marca máxima (Record)
Red : De cuerda o alambre (Net)

Atletismo

Aprovisionamiento : Cosas necesarias (Provisions)
Atleta (El/la) : Deportista (Athlete)
Calle : Espacio (Lane)
Carrera de relevos : Prueba por equipos (Relay race)
Fondo : Parte de atrás (Background)
Gradas : Plazas, asientos (Grandstand, stands, terraces)
Marca personal : Marca de un deportista (Individual score)
Meta : Línea de llegada (Finish line)
Relevo : Jugador suplente (Substitute)
Salto de altura : Salto de elevación, disciplina olímpica (High jump)
Salto de longitud : Disciplina olímpica (Long jump)
Triple salto : Salto de longitud (Triple jump)
Vallas : Obstáculos de saltos (Hurdle)

Tenis

Árbitro : Juez deportivo (Referee, umpire)
Área : Zona, espacio (Zone, space, region)
Cancha : Terreno (Court)
Fondo : Parte de atrás (Background)
Gradas : Plazas, asientos (Grandstand, stands, terraces)
Juego : Juego de tenis (Set)
Partido : Competición deportiva (Competition, match)

Raqueta : Aparato deportivo (Racquet)
Recogepelotas : Encargado de recoger pelotas (Ballboy)
Récord : Marca máxima (Record)
Red : De cuerda o alambre (Net)
Revés : Golpe de tenis (Backhand)
Saque : Puesta en juego (Service)
Set : Parte de un partido (Set)
Trofeo : Premio, galardon (Trophy, award)
Volea : Golpe en el aire (Volley)

Natación

Braza : Estilo de natación (Breast-stroke)
Calle : Piscina (Lane)
Crol : Estilo de natación, libre (Crawl)
Espalda : Estilo de natación (Backstroke)
Gradas : Plazas, asientos (Grandstand, stands, terraces)
Marca personal : Marca de un deportista (Individual score)
Mariposa : Estilo de natación (Butterfly)
Natación sincronizada : Deporte (Synchronised swimming)
Récord : Marca máxima (Record)
Trampolín : Aparato para saltar (Springboard)

Ciclismo

Carrera de ciclismo : Competición de ciclismo (Cycling race)
Contrarreloj : Prueba ciclista (Race against the clock)
Etapa : Periodo, fase (Leg)
Fichaje : Contratación (Signing)
Maillot : Camiseta deportiva (T-shirt, jersey)
Meta : Línea de llegada (Finish line)
Meta volante : Meta que cambia muchas veces (Changing finish line)

Pelotón : Grupo de ciclistas (Bunch, Pack)
Récord : Marca máxima (Record)
Relevo : Jugador suplente (Substitute)

15. Medio Ambiente

A - Z

A

Acantilado : Costa, corte vertical en la roca (Cliff)

Aerosol : Liquido en partículas (Aerosol, spray)

Atmósfera : Capa de gases (Atmosphere)

B

Biocarburante : Biocarburante (Biofuel)

Biodegradable : Que puedeeliminar por la naturaleza (Biodegradable)

C

Calentamiento global : Aumento de temperaturas (Global warming)

Cambio climático : Cambio global (Climate change)

Capa de ozono : Zona sobre o bajo otra de ozono (Ozone layer)

Caudal : Cantidad de agua (Flow, Volume)

Clima : Ambiente atmosférico (Climate)

Contaminación : Alteración, daño (Contamination, Pollution)

Contaminación acústica : Exceso de ruido (Noise pollution)

Contaminación del aire : Alteración del aire (Air pollution)

Contaminación hídrica : Alteración de agua (Water pollution)

D

Deforestación : Destrucción del bosque (Deforestation)

Desaguar : Quitar agua (Drain)

Desarrollo sostenible : Desarrollo sin agotar recursos (Sustainable development)

Devastar : Arrasar, destruir (Devastate, destroy)

Dióxido de azufre : Química-compuesto (Sulphur dioxide)

Dióxido de carbono : Química-compuesto (Carbon dioxide)

E

Ecológico/a : Respetuoso/a con la naturaleza (Ecological, eco-friendly)

Ecologista : Ambientalista, defensor/-a del entorno natural (Ecologist, environmentalist)

Ecosistema : Comunidad de seres vivos (Ecosystem)

Efecto invernadero : Calentamiento global (Greenhouse effect)

Emisión : Difusión por ondas (Emission)

Energía eólica : Energía del viento (Wind energy)

Energía hidráulica : Energía de la hidráulica (Hydrolic energy)

Energía renovable : Energía natural (Renewable energy)

Energía solar : Energía del sol (Solar energy)

Equilibrio ecológico : Interacción ecológica equilibrada (Ecological balance)

Erupción : Aparición súbita (Eruption, outbreak)

Escala de Richter : Medición de seísmos (Richter scale)

Especies en peligro de extinción : Especies que van a desaparecerse (Creatures on the verge of extinction)

Evaporación : Paso de líquido a gas (Evaporation)

F

Fitoplancton : Plancton marino (Phytoplankton)

Fondo marino : La base de marino (Seabed)

Fósil : Vestigio petrificado (Fossil)

G

Globo Sonda : Globo meteorológico (Weather Ballon)

H

Huracán : Viento muy fuerte, tornado (Hurricane, strong wind)

I

Incendio forestal : Desastre natural (Forest fire)

Inundaciones : Desbordamiento de agua, riada, crecida, aluvión (Flood, flooding, inundation)

L

Límite de emisiones : El máximo aceptado nivel de emisión (Emission limit)

Lluvia ácida : La precipitación de contaminantes ácidos procedentes de emisiones industriales (Acidic Rain)

M

Magnitud : Dimensión, fuerza (Magnitude, scale)

Maremoto : Terremoto marino (Tsunami)

Medio ambiente : Entorno natural (Environment)

Medioambiental : De la naturaleza (Environmental)

N

Nivel del mar : Altura del mar (Sea level)

No biodegradable : Que no puede eliminar por la naturaleza (Non biodegradable)

Nuclear : Del núcleo atómico (Nuclear)

O

Ola de calor : Periodo prolongado de tiempo excesivamente cálido (Excessive hot period)

Orgánico/a : Vivo (Organic)

Oxígeno : Elemento químico (Oxygen)

R

Radiación nuclear : Emisión de partículas nucleares (Nuclear radiation)

Radiación : Emisión de partículas (Radiation)

Reciclable : Material que se puede reciclar (Recyclable)

Reciclado/a : Reutilizar materiales (Recycled)

Reciclaje : Aprovechamiento de material usado (Recycling)

Recursos naturales : Recursos de la naturaleza (Natural resources)

Reforestación : Repoblación con plantas (Reforestation)

Residuos tóxicos : Basura de tóxicos (Toxic residue)

S

Salvar : Librar de peligros (Save)

Selva : Bosque tropical (Rain forest)

Sequía : Falta de lluvia (Drought)

Smog : Niebla contaminada (Smog)

Sobrepesca : Pesca excesiva (Overfishing)

Subterráneo/a : Por debajo de la tierra (Subterranean)

T

Tala indiscriminada : Desforestación (Indiscriminate logging)

Talar : Cortar árboles (Cut down)

Terremoto : Seísmo fuerte (Earthquake)

Terrestre : Relativo a la tierra (Terrestrial, earthly)

Tomar conciencia de : Darse cuenta de algo (Become aware of)

Tóxico/a : Relativo a un veneno (Toxic, poisonous)

V

Vertedero : Basurero (Dumping site, garbage dump)

Vertidos : Conjunto de deshechos (Waste)

REFRANES-EXPRESIONES IDIOMÁTICAS

16. Proverbios y Modismos

A - Z

A

A bombo y platillo : Con mucha publicidad

A buen amigo buen abrigo : Ser leal

A buen entendedor sobran las palabras : Una persona inteligente puede entender bien en pocas palabras

A buen hambre no hay pan duro : En necesidad todo se acepta

A caballo regalado no le mires el diente : En regalos no se exige

A ciegas : Sin pensar

A ciencia cierta : Con seguridad

A diestro y siniestro : En todas direcciones

A disgusto : De mala gana

A falta de pan, buenas son las tartas : Algo es bueno que nada

A flor de piel : Nervios, ansiedad

A la buena de Dios : De cualquier manera

A la cama no te irás sin saber una cosa más : Aprender una nueva cosa cada día

A las primeras de cambio : De forma inmediata

A las tantas : Muy tarde

A ojo de buen cubero : Aproximadamente

A pedir de boca : Tal y como desear

A quien madruga Dios le ayuda : Quien se levanta temprano puede conseguir todo

A río vuelto, ganancias de pescadores : Las personas oportunistas pueden obtener beneficios en las situaciones malas o confundidas

A Secas : Sin adorno

A todas luces : Sin lugar a dudas

A tontas y a locas : Sin pensar/reflexionar

Acabar como el rosario de la aurora : Sin conceso, muy mal

Agua que no has de beber, déjala correr : Si no deseas algo o a alguien no lo tomes o no lo retengas

Al mal tiempo, buena cara : Comportarse bien en la adversidad

Al pan, pan y al vino, vino : Las cosas claras (call a spade a spade)

Apretarse el cinturón : Disminuir los gastos

Arrimar el hombro : Ayudar activamente a otros en un trabajo o en el largo de un fin, cooperar con toda la sinceridad

Aunque la mona se vista de seda, mona se queda : No se puede esconder la identidad

B

Bicho malo nunca muere : Las personas malas viven mucho y crean problemas para otras

Buscarse la vida : Hacer algo para sobrevivir

C

Caerse la casa encima : Estar muy aburrido por estar encerrado en casa

Calentarse la cabeza : Pensar obsesivamente

Cambiar de chaqueta : Cambiar de bando

Cargar con el muerto : Hacer una tarea molesta

Coger algo al vuelo : Entender algo con rapidez

Como alma que lleva el diablo : Velozmente, con velocidad

Como Dios : Muy bien

Como Dios manda : Como debe ser

Como Pedro por su casa : Sin dificultades

Con pan y el vino se anda el camino : Se puede emprender viaje con las cosas fundamentales

Con pelos y señales : Detalladamente

Contigo pan y cebolla : Amor desinteresado

Cortar el bacalao : Ser la persona que manda

Costar un ojo de la cara : Ser costoso

Costar un riñón : Ser caro

D

Dame pan y llamarme tonto : Se usa en las situaciones en las que no importa soportar algo mientras se consigue algo

Dar calabaza a alguien : Suspender a alguien

Dar en el blanco : Atinar, Acertar

Dar en el clavo : Adivinar, Acertar

Dar gato por liebre : Engañar

Dar la callada por respuesta : No responder

Dar la talla : Estar a la altura, ser apto

Dar por descontado : Dar seguro

De cabo a rabo : De principio a fin

De donde no hay, no se puede sacar : No podemos esperar nada de quien carece de capacidad

De tal palo tal astilla : Como padre como hijo

De uvas a peras : De poca frecuencia

Devolver la pelota : Desquitarse, vengarse

Dime con quién andas y te diré quién eres : Malas compañías

Dios aprieta, pero no ahoga : Siempre hay salida

Donde come uno, comen dos : Si quiere se puede compartir algo fácilmente con otros

Donde fueres haz lo que vieres : Haz cosas según los costumbres del lugar

Dormir a pierna suelta : Dormir profundamente

Dormirse en los laureles : Dejar de esforzarse tras conseguir triunfo o reconocimiento

E

Economía sumergida/paralela : Se trata de un negocio no declarado legalmente

Echar balones fuera : Eludir, evadir

Echar las campanas al vuelo : Celebrar con júbilo

Echar por el suertes : Decidir por el azar

Echar por tierra : Destruir

Echar un cable : Ayudar a alguien

Echarle mucha crema a sus tacos : Exagerar en sus elogios a algo o alguien

El hábito no te hace al monje : El disfraz no te cambia

El médico de cabecera : El médico general del centro de salud

El muerto a la sepultura y el vivo a la travesura : No se puede sufrir etéreamente porque la vida continúa

El que no arriesga no gana : Se deben tomar ciertos riesgos para triunfar

El que roba a un ladrón tiene cien años de perdón : Disculpar a quien comete una mala acción contra un malvado

El sueldo no llega : El dinero que se gana no es suficiente para vivir

El tiempo es oro : Es importante, valioso

En boca cerrada no entran moscas : Es mejor quedarse callado que equivocarse

En casa del herrero, cuchillo de palo : El experto falla

En martes ni te cases ni te embarques : No hacer nada buena cosa el martes

En un abrir y cerrar de ojos : En un instante, muy rápido

Estar a dos velas : Estar sin recursos

Estar como un roble : Estar fuerte y sana

Estar como un toro : Estar muy duro físicamente

Estar como una cabra : Estar muy loco

Estar como una foca/vaca : Estar gorda

Estar chupado : Ser muy fácil de hacer

Estar empanado : Estar distraído, perdido

Estar forrado : Tener mucho dinero

Estar mano de algo/alguien : Tener ayuda de algo/alguien

Estar mano sobre mano : No hacer nada

Estar para el arrastre : Exhausto, cansado

Estar pez : No saber nada

Estar picado (el mar) : Hacer muy mal tiempo

Estar sin blanca : Estar sin dinero

Estirar la pata : Morir

G

Gozar de buena salud : Tener una salud de hierro

Guardar la compostura : Portarse con corrección

H

Hablar más que un loro : Hablar sin parar

Hacer agosto : Hacer buen negocio

Hacer buenas migas : Entenderse bien

Hacer gallos : Nota falsa a cantar

Hacer la pelota : Alabar a alguien para conseguir algo

Hacer la vista gorda : Fingir no haber visto

Hacer oídos sordos : no hacer caso

Hacer un negocio redondo : hacer un buen negocio

Hacerse a la mar : Salir a navegar
Hacerse el loco : Fingir no enterarse
Haz bien y no mires a quien : Haz buenas cosas a cualquiera
Hecha la ley hecha la trampa : La ley se puede burlar
Hincar los codos : Estudiar mucho (Study hard)

I

Ir a picarse : Desaparecer (Un negocio, una empresa)
Ir con la frente alta : Ir sin avergonzarse
Ir de mal en peor : Ir empeorando
Ir de punto en blanco : Ir muy elegantemente vestido
Ir viento en popa : Estar funcionando bien

L

La letra con sangre entra : Aprender con esfuerzos
La paciencia es la madre de la ciencia : La paciencia nos enseña como soportar una situación no agradable manteniendo la calma
Levantarse con el pie izquierdo : Ese día las cosas no van bien/tener un mal día
Llevar la voz cantante : Llevar la dirección de algo (Have the final say)
Llorar lagrimas de cocodrilo : Pretender compartir el dolor
Llover a cántaros : Llover mucho

M

Mas bueno que el pan : Muy buena persona
Más sabe el diablo por viejo que por diablo : Sabiduría por edad
Más vale malo conocido que bueno por conocer : Mejor el diablo que conoces que el bueno que no conoces

Más vale pájaro en mano que cientos volando : Más vale tener poco de lo que es seguro que tener mucho que no sea seguro

Más vale prevenir que curar : Es mejor tener cuidado en vez de buscar remedios

Matar dos pájaros de un tiro : Lograr dos cosas de una acción

Matrícula de honor : Mención máxima que se otorga a quienes tienen sobresaliente

Meterse en camisa de once varas : Meterse en líos

Mirar por el rabillo del ojo : Mirar disimulando

Montar una escena : Comportarse de forma aparatosa y teatral para impresionar a los demás

Moverse como Pedro por su casa : Estar cómodo en un lugar

Mucho ruido y pocas nueces : Pura palabrería

N

Nadar entre dos gotas : Tener muchas dudas

No dar ni golpe : No hacer nada en el trabajo

No dar un duro a alguien : No confiar en una persona o en su capacidad

No dar un palo al agua : No trabajar en absoluto

No estar el horno para bollos : No ser el mejor momento

No hay mal que por bien no venga : Se puede conseguir algo bueno

No llegar el fin de mes : Falta de dinero

No por mucho madrugar amanece más temprano : Aconseja ser paciente

No ser nada del otro mundo : Ser normal o regular

No soltar prenda : No contar nada sobre un asunto

Nos vale madre todo : Nos da igual

O

Ojo por ojo diente por diente : Hace referencia a misma venganza

P

Pagar con la misma moneda : Retribuir mal con mal

Pagar en dinero negro : Pagar ilegalmente

Pagar los platos rotos : Castigo por culpas ajenas

Pan con pan, comida de tontos : Es mejor acompañar con otros elementos

Pasar a mejor vida : Morir, fallecer

Pedirle peras al olmo : Esperar algo imposible

Perder el conocimiento : Desmayarse

Perder los papeles : Perder el autocontrol

Perro ladrador, poco mordedor : Quien hace mucho ruido, no es peligroso

Ponerse flamenco : Tener una actitud chula, insolente

Ponerse morado : Comer mucho

Ponerse rojo : Reacción de vergüenza

Por las buenas : De buena manera, voluntariamente

Por si acaso : Si en caso de, por si sucede

Q

Quedarse en blanco : No poder reaccionar, pensar o recordar

Quemarse las pestañas : Cansarse la vista de tanto leer

Querer es poder : Si quieres puedes

Quien a buen árbol se arrima buena sombra le cobija : Quien se acerca y convive con buenas personas o compañías, se llena de bendiciones y bienestar

Quien se fue a Sevilla, perdió su silla : Perder de una posición por la ausencia

S

Saberse algo al dedillo : Saber algo de memoria y perfectamente

Sacar las castañas del fuego : Ayudar alguien

Sacar las cosas de quicio : Salirse del contexto

Ser como anillo al dedo : Ser adecuado/conveniente

Ser corto de vista : Ser miope

Ser el vivo retrato de alguien : Parecerse muchísimo

Ser mano de santo : Ser un remedio rápido y eficaz

Ser mas bruto que un arado : Ser inflexible

Ser mono : Ser guapo

Ser un cerdo : Ser una persona sin higiene

Ser un empollón : Ser una persona que estudia mucho

Ser un hacha/un fiera : Ser estupendo en algo

Ser un hueso : Ser muy estricto o duro

Ser un pez gordo : Ser una persona poderosa

Ser un rollo : Ser aburrido

Ser una gallina : Ser muy tímido

Ser una hormiguita : Ser muy trabajadora

Ser una monada : Ser muy bonito

Ser una víbora : Ser una persona que habla muy mal de los demás

Sin comerlo ni beberlo : Sin tener que ver, sin culpa

Sin decir esta boca es mía : Sin protestar

Sin ton ni son : Sin sentido/razón/causa

Sólo se vive una vez : Hay que aprovechar la vida

Son de los que muriendo matan : Tener un carácter terrible

Sudar tinta : Realizar un trabajo con mucho esfuerzo

T

Tal para cual : Parecidos

Tener buena vista : Ser lince

Tener decimas : Tener un poco de fiebre

Tener enchufe : Tener buenos contactos para encontrar empleo o algo

Tener madera : Tener talento o disposición natural para determinada actividad

Tener morro : Ser un caradura

Tener tablas : Dominar una situación por experiencia y oficio

Tener una moral de hierro : Ser recto, muy honesto

Tener una salud de hierro : Tener muy bien salud

Tener una venda en los ojos : No quiere ver la verdad

Tirar de la manta : Traer a la luz

Tirar la toalla : Rendirse, abandonar

Todo Dios : Todo el mundo

Trabajar como un burro : Trabajar mucho

Trabajar de sol a sol : Trabajar todo el día

Traer a alguien por la calle de la amargura : Hacer sufrir a alguien

U

Una de cal y otra de arena : Una buena otra mala

Una golondrina no hace verano : Uno no es suficiente

V

Vale más un cobarde en casa que un valiente en la sepultura : Es mejor estar con una persona viva que es tímida en lugar de tener un valiente en la tumba

Vamos al grano : Vamos al tema

Vaya por Dios : Se usa para expresar decepción y desagrado

Ver para creer : Expresa incredulidad

Ver todo de color rosa : Ser optimista

Vérselas y deseárselas : Costarse a alguien mucho cuidado o fatiga la ejecución de algo

Vivir del cuento : Vivir sin trabajar

Y

Ya ni en la paz de los sepulcros creo : No creer en nada

Z

Zapatero a tus zapatos : No hay que tomar la opinión de cualquiera en tus asuntos importantes